Bibliografische Information der Deutschen Nationalbibliothek:

Die Deutsche Bibliothek verzeichnet diese Publikation in der Deutschen National-
bibliografie; detaillierte bibliografische Daten sind im Internet über http://dnb.d-
nb.de/ abrufbar.

Impressum:

Copyright © 2015 GRIN Verlag, Open Publishing GmbH
Druck und Bindung: Books on Demand GmbH, Norderstedt Germany
ISBN: 9783668271777

Dieses Buch bei GRIN:

http://www.grin.com/de/e-book/337825/ursachen-fuer-potenzielle-konflikte-im-
taetigkeitsfeld-von-pflegekraeften

Anonym

Ursachen für potenzielle Konflikte im Tätigkeitsfeld von Pflegekräften in Operationsabteilungen

GRIN Verlag

GRIN - Your knowledge has value

Der GRIN Verlag publiziert seit 1998 wissenschaftliche Arbeiten von Studenten, Hochschullehrern und anderen Akademikern als eBook und gedrucktes Buch. Die Verlagswebsite www.grin.com ist die ideale Plattform zur Veröffentlichung von Hausarbeiten, Abschlussarbeiten, wissenschaftlichen Aufsätzen, Dissertationen und Fachbüchern.

Besuchen Sie uns im Internet:

http://www.grin.com/

http://www.facebook.com/grincom

http://www.twitter.com/grin_com

Pädagogische Hochschule Weingarten

Wissenschaftliche Hausarbeit: 30.09.15

Ursachen für potenzielle Konflikte im Tätigkeitsfeld von Pflegekräften in Operationsabteilungen

Inhaltsverzeichnis

1. Einleitung

Krankenhäuser ohne Pflegekräfte zu betreiben ist weder praktikabel noch vorstellbar. Sie kümmern sich um Kranke, ermitteln Patientendaten, legen Verbände und Schienen an, übernehmen Verwaltungsaufgaben, bereiten Eingriffe vor - die Liste der Aufgaben kann schier endlos fortgeführt werden. Ihr Arbeitsumfeld beinhaltet jedoch einige Besonderheiten. Vor allem die hierarchischen Strukturen zwischen Ärzten und Pflegekräften haben sich über viele Jahrzehnte entwickelt und stellen ein Unterscheidungsmerkmal zu anderen Berufen dar. Die vorherrschenden Machtverhältnisse im Krankenhaus - vergleichbar mit denen, der deutschen Bundeswehr, sind sonst in kaum einem anderen Wirtschaftsbereich auffindbar (Busse, 2015). Weitere Spezifika sind, neben der hohen Interaktionsnotwendigkeit (Glaser, Höge & Weigl, 2005), die großen Belastungen im Arbeitsalltag von Pflegekräften. Dazu zählen unter anderem der enorme Zeit- und Leistungsdruck und unregelmäßige Arbeitszeiten, die im Schichtdienst begründet sind. Auch die Arbeit mit Patienten ist nicht immer einfach. Besonders der Umgang mit multimorbiden, schwer kranken und sterbenden Patienten fordert von Pflegekräften einiges ab. Ebenso ist der Stand der Pflegekräfte innerhalb des Krankenhauses schwierig, da sie sich unterordnen müssen und kaum Anerkennungen oder überdurchschnittliche Bezahlung für ihre - durchaus immensen - Leistungen bekommen (Büssing & Glaser, 2002).

Es gibt viele verschiedene Arten von Pflegekräften innerhalb und außerhalb von Krankenhäusern. Darunter fallen unter anderem die ambulante Pflege, Pflegekräfte, die sich vorwiegend um Kinder und Kleinkinder kümmern oder aber Pflegekräfte in Operationsabteilungen. Letztere stehen in dieser Hausarbeit im Mittelpunkt.

Gerade in diesen Operationsteams, zu denen neben Ärzten auch Pflegekräfte zählen, stehen häufig unvorhersehbare Aufgaben an, die weitreichende Folgen haben können. Sie entscheiden in manchen Fällen über Leben und Tod eines Patienten. Folglich muss unabhängig von allen Umständen die Leistung dieser Teams zuverlässig sein und die Anzahl der Fehler möglichst gering gehalten werden, denn gemachte Fehler können für Patienten lebensbedrohlich sein (Baker, Day & Salas, 2006).

Dieser Beruf beinhaltet also einzigartige Anforderungen, die schnell als Belastungen wahrgenommen werden und so Stress bei den Beteiligten auslösen. Dieser Stress der Individuen wird dann möglicherweise in Konflikten nach außen getragen. Konflikte sind im täglichen Leben sowie im Arbeitsalltag unvermeidbar. Das Aufeinanderprallen von unterschiedlichen Interessen, Zielen, Ansichten, Gewohnheiten, Wahrnehmung und Handlungen mehrerer Betroffener sowie die emotionale Bedeutung für einzelne Involvierte sind dabei kennzeichnend (Schumacher, 2012). Als Resultat von Konflikten lassen sich zum Beispiel Ärger, Frustration und Unzufriedenheit ausmachen. Letztendlich wirken sie sich negativ auf den Arbeitsprozess aus und behindern die Zusammenarbeit (Schumacher, 2012). Das sollte in einem Milieu, in dem es täglich um Leben und Tod geht, so weit wie möglich vermieden werden. Doch welche Ursachen haben Konflikte in diesem Arbeitsumfeld?

Ausgehend von der These, dass die Arbeit im Krankenhaus für das Pflegepersonal hohes Konfliktpotenzial birgt, hat diese wissenschaftliche Arbeit das Ziel, die konkreten Ursachen für potenzielle Konflikte im Tätigkeitsfeld von Pflegekräften im Operationssaal darzustellen.

Dazu werden vorab in Kapitel 2 zum einen Stress aus arbeitspsychologischer Sicht betrachtet und Stressauslöser in Kategorien eingeteilt, zum anderen werden prozedurale Konflikte, Beziehungskonflikte und aufgabenbezogene Konflikte thematisiert. Anschließend befasst sich der Hauptteil (Kapitel 3) mit den Ursachen potenzieller Konflikte im Tätigkeitsfeld von Pflegekräften in Operationsabteilungen. Zunächst wird in Kapitel 3.1 auf die Rolle von Macht und Hierarchie innerhalb des Krankenhauses eingegangen. Danach (Kapitel 3.2) stehen die Organisationsmängel in Form von fehlerhafter OP-Programmgestaltung und qualitativer und quantitativer Überforderung auf Seiten der Pflegekräfte im Fokus der Betrachtung. Da Konfliktpotenziale aber vor allem in der Zusammenarbeit und Interaktion mit anderen liegen, betrachtet Kapitel 3.3 diesen Sachverhalt genau. Dabei wird die eigene Berufsgruppe, die OP-Leitung, die Ärzte und die Zusammenarbeit in medizinischen Teams im Operationssaal unter die Lupe genommen. Abschließend wird in Kapitel 4 das Fazit dieser Arbeit gezogen.

Es bleibt zusagen, dass in dieser Arbeit maskuline oder neutrale Formen verwendet werden, um unnötige Redundanz zu vermeiden und den Text leserlicher zu gestalten. Gemeint sind dabei beide Geschlechter, es sei denn, dass beide Geschlechter gesondert erwähnt werden.

2. Stressauslöser und Konfliktarten

Bevor es um die konkreten Ursachen geht, die Konflikte, bei der Berufsgruppe Pflegekräfte, auslösen können, werden in diesem Kapitel kurz die theoretischen Grundlagen
angerissen. Diese beschäftigen sich mit Stressoren im Arbeitsalltag und verschiedenen
Arten von Konflikten, die auftreten können.

2.2 Stressoren

Um die Ursachen von Konfliktpotenzialen besser messbar und beschreibbar zu machen,
werden Stressoren betrachtet, die Konflikte auslösen und Konfliktpotenziale erhöhen
können. Erwähnenswert ist, dass der Konflikt an sich in Tabelle 1 ebenfalls als Stressor
eingeordnet ist. Daran zeigt sich schon, dass es eine Wechselwirkung zwischen Stressoren und Konflikten gibt. In der angesprochenen Tabelle werden empirische Erkenntnisse aus verschiedenen Studien miteinander verknüpft und den Bereichen psychische,
soziale und physische Stressoren zugeordnet. Bevor allerdings auf Stressoren genauer
eingegangen wird, wird im nächsten Absatz kurz angerissen, was unter Stress verstanden wird.

Zweifelsohne ist Stress im beruflichen Umfeld ein bedeutungsvolles Phänomen. Der
Alltagsbegriff Stress wird in der Arbeitswelt als Folge von zu hoher Beanspruchung
gesehen. Demnach entsteht arbeitsbedingter Stress, wenn die Anforderungen der Ar-
beitsumgebung die Fähigkeit des Arbeitnehmers, diese zu bewältigen oder zu kontrollieren, übersteigen (Berentzen, 2004). Weinert (1998) definiert Stress, aus arbeitspsychologischer Sicht, als individuell unterschiedliche Reaktion, die durch übermäßige
psychologische oder physische Anforderung aus dem Umfeld der betreffenden Person
herbeigeführt wird.

Stress darf allerdings nicht nur negativ belastet angesehen werden. Es muss zwischen
Disstress (negativ) und Eustress (positiv) unterschieden werden. Eustress erhöht über
einen gewissen Zeitraum unter anderem die Aufmerksamkeit und Arbeitsleistung eines
Individuums, ohne diesem zu schaden. Im Gegensatz dazu werden, die unten aufgeführ-
ten Stressoren als Faktoren verstanden, die sich grundsätzlich negativ auswirken (Holz,
Zapf & Dorrmann, 2004).

Am Anfang von dauerhaftem Disstress steht die Wahrnehmung von bestimmten Anforderungen im Arbeitsalltag, die als psychische Stressoren wirken können. Dazu gehören

verschiedene Formen von quantitativer Überforderung (z.B. Zeit- und Termindruck, hohe Arbeitsintensität und rasches Arbeitstempo) und qualitativer Überforderung (z.B. geringer Handlungs- und Entscheidungsspielraum, Entscheidungszwang ohne ausreichende Informationen, widersprüchliche Aufgaben). Hinzu kommen die sozialen Stressoren, die sich z.B. in Gestalt von sozialen Konflikten zwischen Kollegen oder von mangelhafter Unterstützung durch Vorgesetzte oder Nachgeordnete ergeben können. Darüber hinaus können auch störende Arbeitserschwernisse, (z.B. Lärm oder unerwünschte Unterbrechungen) insbesondere bei Aufgaben, die hohe Konzentration und Aufmerksamkeit - wie die Arbeit im Operationssaal oder bei der Krankenpflege - erfordern, als Stressoren wirken (Oppolzer, 2009). Die folgende Tabelle stellt die drei Arten von negativen Stressoren mit jeweiligen Zuordnungen dar.

Psychische Stressoren	Soziale Stressoren	Physische Stressoren
• Quantitative Überforderung durch die Leistungsmenge bzw. das Tempo • Qualitative Überforderung durch Informationsflut, Unübersichtlichkeit oder Kompliziertheit • Widersprüchliche Arbeitsanweisung • ständige Unterbrechungen • unvollständige Informationen • mangelnde Rückmeldung • unklare Zielvorgaben • Leistungs- und Zeitdruck • Angst vor Misserfolg und Kontrolle • hohe Verantwortung für Personen oder Werte • ungenügende Einarbeitung • unklare Zuständigkeiten	• fehlende Anerkennung und Akzeptanz durch Kollegen und Vorgesetzte • schlechtes Betriebsklima • Konflikte • Konkurrenzdruck • isoliertes Arbeiten/ fehlende Teamarbeit • geringe Entwicklungsmöglichkeiten • Diskriminierung oder Benachteiligung • Kollision der Arbeitsbedingungen mit Familienerfordernissen • Angst vor Arbeitsplatzverlust • mangelnde Information und Benachteiligung am Betriebsgeschehen	Unter anderem: • Lärm • Kälte oder Hitze • Nacht- oder Schichtarbeit • falsche Beleuchtung • ...

Tabelle 1: Potenzielle Stressoren am Arbeitsplatz in Anlehnung an Oppolzer (2009)

Wie man anhand dieser Tabelle erkennen kann, werden Konflikte grundsätzlich den sozialen Stressoren zugeteilt, jedoch liegen die Ursachen dieser Konflikte auch in den psychischen und marginal in den physischen Stressoren. Deshalb werden im Verlauf dieser Arbeit Ursachen für Konflikte im Arbeitsumfeld der Pflegekräfte betrachtet, die in allen drei Stressor-Kategorien anzufinden sind. Bevor das geschieht, beschäftigt sich das nächste Kapitel mit den Konfliktarten, die betrachtet werden.

2.3 Konflikte

Da diese Arbeit den Fokus auf die Ursachen von möglichen Konflikten im Tätigkeitsfeld von Pflegekräften legt, werden die Arten von Konflikten lediglich für das bessere
Verständnis angeschnitten.

Konflikte zwischen Mitarbeitern im Krankenhaus, sind - wie auch an anderen Arbeitsplätzen - soziale Konflikte und treten als Folge des menschlichen Miteinanders auf
(Hibbeler, 2011). Für die Einteilung von Konflikten lassen sich in der Fachliteratur,
bedingt durch die sich auf unterschiedliche Weise damit beschäftigenden wissenschaftlichen Disziplinen, unterschiedliche Klassifikationssysteme finden. In dieser wissenschaftlichen Arbeit werden lediglich drei Arten von Konflikten unterschieden: Prozedurale Konflikte, Beziehungskonflikte und aufgabenbezogene Konflikte.

Unter aufgabenbezogenen Konflikten versteht man Uneinigkeit innerhalb des Teams,
bezüglich der Ideen und Meinungen über die jeweilige Aufgabe. Der Beziehungskonflikt resultiert aus unterschiedlichen Gefühlen innerhalb von Beziehungen und Missver-
ständnissen in der zwischenmenschlichen Kommunikation. Die dritte Art, der prozedurale Konflikt, befasst sich mit Versorgungs- oder Delegationsfragen (Janss, Rispens,
Segers, & Jehn, 2012). Delegieren meint in diesem Zusammenhang die Übertragung
von Zuständigkeiten und Handlungskompetenzen.

Zu erwähnen ist, dass der aufgabenbezogene Konflikt, im Vergleich zu den beiden anderen Konfliktarten, mit weniger negativen Emotionen, wie Ärger, Wut und Frustration
belastet ist. (Janss et al., 2012). Jedoch können sich aufgabenbezogene Konflikte sehr
schnell in Beziehungskonflikte verwandeln und sind deshalb nicht zu unterschätzen
(Rogers et al., 2011).

Nachdem die psychischen, sozialen und physischen Stressoren, deren Konfliktpotenzial
und die Arten von Konflikten thematisiert wurden, beschäftigt sich Kapitel 3 mit den
konkreten Ursachen für Konflikte im Tätigkeitsfeld von Pflegekräften.

3. Ursachen für potenzielle Konflikte

Wie eingangs erwähnt bietet das Krankenhaus als Arbeitsplatz von Pflegekräften einige Besonderheiten. Neben der stark ausgeprägten Hierarchie und der hohen Interaktion mit Patienten gibt es weitere spezifische Belastungen. Laut Büssing und Glaser (2002) sind die größten Belastungen im Arbeitsalltag von Pflegekräften immenser Zeitdruck, unregelmäßige Arbeitszeiten, Schichtdienst, Überforderung bei der Pflege von multimorbiden, schwer kranken oder sterbenden Patienten, ethische Konflikte und mangelnde Anerkennung durch den ärztlichen Dienst. Doch sind diese Belastungen auch mit den Ursachen für mögliche Konflikte gleichzusetzen?

In diesem Kapitel werden diese Ursachen dargestellt und betrachtet. Stressoren im Tätigkeitsfeld der Pflegekräfte, die Disstress auslösen, werden hierbei zu den Ursachen für potenzielle Konflikte gezählt. Es werden Ergebnisse aus der Fachliteratur und Empirie herangezogen und miteinander verknüpft.

Altenpfleger, ambulante Pflegekräfte, Kinderkrankenpfleger und so weiter. Aufgrund der Vielzahl von Fachbereichen, in denen Pflegekräfte eingesetzt werden, ist es in dieser Arbeit nicht möglich, Ursachen für potenzielle Konflikte zu jeder Spezialisierung der Berufsgruppe aufzuführen. Deshalb wird sich auf Pflegekräfte in Operationsabteilungen beschränkt.

Operationsabteilungen zählen in Krankenhäusern zu den Funktionsabteilungen in denen Pflegpersonal eingesetzt wird. Da die für die Tätigkeit in diesen Bereichen notwendigen speziellen Kenntnisse und Fertigkeiten während der drei-jährigen Krankenpflegeausbildung jedoch nur unzureichend vermittelt werden, sind die dort tätigen Pflegekräfte gezwungen sich zu spezialisieren. Diese Spezialisierung erfolgt in der Regel mittels einer zweijährigen berufsbegleitenden Weiterbildung zum Fachkrankenpfleger für den Operationsdienst. Eine zweite Möglichkeit ist die direkte Ausbildung zum operationstechnischen Assistenten (Höfer, 1996). Der Arbeitsbereich OP lässt sich nicht ohne weiteres mit anderen Arbeitsplätzen außerhalb und innerhalb des Krankenhauses vergleichen. Hofer (1996) beschreibt den OP-Bereich als autonome Abteilung im Krankenhaus, die mit der eigentlichen Krankenpflege nicht mehr viel gemein hat. Aus diesem Grund kann die Gesamtheit der Ergebnisse dieser Hausarbeit nicht bedenkenlos auf alle Arten von Pflegekräften übertragen werden.

In den folgenden Abschnitten wird die Erhebung „**Ärger im OP**" (Buchtitel) herangezogen, die 2004 von Berentzen veröffentlicht wurde. Ziel dieser Studie ist es, Einsichten in die subjektiven Sichtweisen von Pflegekräften aus der zentralen Operationsabteilung zu bekommen. Auf diesem Wege sollen konkrete Ärgerursachen identifiziert werden. Dieser Forschungsansatz ist qualitativ induktiv und stellt die individuellen Erfahrungen der 35 Befragten in den Mittelpunkt. Als Instrument wurden problemzentrierte Interviews geführt. In einer, von der Autorengruppe um Pornschlegel (1982) aufgestellten, Klassifikation negativer Beanspruchungen und Beanspruchungsfolgen tauchen Ärger und mit Ärger in der Beziehung zu setzende kurzfristige Reaktionen explizit auf. Hiernach erleben Menschen auf psychischer Ebene Ärger, Frustration oder Anspannung. Verhaltensmäßig zeigen sich auf sozialer Ebene gleichzeitig Konflikte, Streit und Aggression gegen Andere. Demnach ist Ärger ein starker Indikator für Konflikte, wie auch Berentzen betont.

Leider ist es nicht möglich, alle Befunde in diese Hausarbeit einfließen zu lassen. Deshalb wird sich auf die gewichtigsten beschränkt. Diese lassen sich in den Themen Macht und Hierarchie, Arbeitsorganisation in der OP-Abteilung sowie Zusammenarbeit mit der eigenen und anderen Berufsgruppe(n) zusammenfassen. Dazu mehr in den folgenden Kapiteln.

3.1 Besonderheit Krankenhaus: Die Rolle von Macht und Hierarchie

Die Strukturen innerhalb eines Krankenhauses erinnern weniger an ein liberal geführtes Unternehmen, als an die strikte Organisation der Bundeswehr - zumindest was die Hierarchie betrifft. Die vorherrschenden Machtverhältnisse spielen also im Arbeitsalltag von Pflegekräften eine wichtige Rolle. Pflegekräfte und Ärzte sind die zentralen Berufsgruppen, die im Krankenhaus anzutreffen sind. Beide arbeiten direkt am Patienten, haben ansonsten aber kaum Gemeinsamkeiten. Speziell in der hierarchischen Konstellation ergeben sich signifikante Unterschiede.

Macht ist ein zentraler Begriff in der Sozialwissenschaft. Laut Gukenbiehls (2001) besteht Macht aus verschiedenen Möglichkeiten und Formen der Durchsetzung und Beeinflussung, die generell auf einem Überlegenheits- bzw. Abhängigkeitsverhältnis zwischen Personen oder Gruppen beruht.

Untersuchungen, wie sich Macht im Umfeld einer Gruppen auswirkt, zeigen, dass die Effektivität eines Teams, durch die Ausübung von Macht eines hierarchisch höher gestellten Team-Mitglieds, beeinflusst wird (Janss et al., 2012). Darüber hinaus gibt es empirische Befunde, die belegen, dass Machtstrukturen die Interaktion beeinflussen, indem sie die Konfliktlösefähigkeit innerhalb der Gruppe bedingen. So kann beispielsweise eine Meinungsverschiedenheit über zu erledigende Aufgaben von Team-Mitgliedern genutzt werden, um ihre persönliche Machtposition zu verstärken und nicht als Aufforderung zum konstruktiven Austausch und gemeinsamen Erkenntnisgewinn. Erstaunlicherweise entwickeln die Team-Mitglieder eher einen Konflikt, wenn Uneinigkeit über die Machtverhältnisse innerhalb der Gruppe herrscht. Das kann dadurch erklärt werden, dass sich verschiedene Gruppenmitglieder ohne klare Machtverhältnisse in Machtkämpfen verlieren (Janss et al., 2012). Die Fähigkeit eines Individuums Andere durch Überlegenheit zu kontrollieren oder zu beeinflussen, kann also als positiv oder negativ angesehen werden - letztendlich besteht aber hohes Konfliktpotenzial.

Fischer und Wiswede (2002) wählen einen ähnlichen Ansatz und beschreiben Macht als eine asymmetrische Interaktionsbeziehung, in der die Mittel der Austauschpartner ungleich verteilt sind. Diese Asymmetrie in der Beziehungen zwischen Pflegepersonal und Ärzten lässt sich laut Hibbeler (2011) anhand der vorherrschenden gesellschaftlichen Attribution der beiden Berufsgruppen beschreiben. Im Gegensatz zum Ausbildungsberuf Pflegekraft haben Ärzte, denen ein Hochschulabschluss vorausgeht, deutlich höhere Verdienstmöglichkeiten und das höhere gesellschaftliche Ansehen. Während das Pflegepersonal zahlenmäßig zwar klar überlegen ist, geben Ärzte die Anordnungen. Busse (2015) merkt an, dass die über Jahrzehnte tradierten Arztattribute zwar nicht vollständig erhalten geblieben sind, dennoch genießt die Berufsgruppe der Ärzte eine nicht ganz unbegründete Vormachtstellung (Busse, 2015). Die Begründung dieser Stellung liegt nüchtern betrachtet in der formalen Machtstellung des Arztes. Formelle Macht beruht auf positionalen Festlegungen und ist dadurch durch Legitimität charakterisiert (Fischer & Wiswede, 2002). Diese positionale Stellung ist wiederum in der Hierarchie von Krankenhäusern begründet. Im Krankenhaus gibt es eine klare professionelle Hierarchie, der sich einzelne Professionen und Stände weitgehend unterordnen müssen: Verwaltungsleitung, Chefärzte, Stationsärzte, Assistenzärzte, Pflegedienstleitung und Pflegepersonal (Busse, 2015). Die angegebene Reihenfolge hat keinen Anspruch auf Vollständigkeit, zeigt aber, dass das Pflegepersonal hierarchisch gesehen, eher unten anzusiedeln ist.

Hierarchie baut außerdem auf der Definition von Macht auf. Bezogen auf soziale Systeme sind Hierarchien mit Verhältnissen von Herrschaft und Autorität verbunden (Dreißig, 2005).

Auch nach Lameyer (2000) spielt die Berufsgruppe Pflege im Krankenhaus, aufgrund der bestehenden Machtverhältnisse, nur eine untergeordnete Rolle. Das häufige Streben von Ärzten nach Anerkennung, Status und Macht ist nicht immer vereinbar mit den Zielen der Organisation. Andere Organisationsmitglieder - in diesem Zusammenhang sind das meist Pflegekräfte- bleiben demnach zwangsläufig auf der Strecke. Welche konkreten Konfliktpotenziale dieser Sachverhalt birgt, wird in Kapitel 3.3.3 verdeutlicht.

3.2 Organisationsmängel

Nachdem die besonderen Machtverhältnisse, die in einem Krankenhaus herrschen, angesprochen wurden, werden nun Organisationsmängel im Krankenhaus, bzw. der Operationsabteilung thematisiert. In diesem Fall werden unter Organisationsmängel ablauf- und aufbauorganisatorische Missstände aufgeführt.

3.2.1 OP-Programmgestaltung

An der täglichen OP-Organisation übten rund 45% der Befragten in Berentzen's Befragung Kritik. Darunter wird die Gestaltung des täglichen OP-Programms sowie die daraus folgenden Arbeitsabläufe während des Tagesdienstes verstanden. Berentzen verdeutlicht, dass eine **unrealistische OP-Plangestaltung** und eine **häufige OP-Planumstellung** schwerwiegend für das Pflegepersonal ist, da diese die Betroffenen stark ärgern. Dieser Ärger wird von den Befragten als langfristig und intensiv wahrgenommen und bildet daher häufig den Grund für Konflikte.

Eine große Anzahl von Operationen, die im normalen Tagesdienst nicht zu schaffen sind, ist kennzeichnend für eine unrealistische OP-Plangestaltung. Die Pflegekräfte empfinden es als störend, dass von vorneherein Überstunden oder Operationen im Bereitschaftsdienst eingeplant werden. Des Weiteren sind kaum Puffer für Notfälle eingeplant. Falls es zur Notfall-Operation kommt, werden geplante OP-Termine kurzerhand verschoben oder direkt abgesetzt. Das hat Folgen für Pflegekräfte, wie z.B. dass der Zeitaufwand für die Vorbereitung geplanter Eingriffe unnötig war. Vor allem aber betrifft diese Thematik die Patienten, deren Eingriff abgesagt wurde, weshalb an dieser Stelle nicht weiter auf diesen Punkt eingegangen wird. Problematisch an dieser Praxis ist, dass in manchen Fällen die OP-Programme vorsätzlich derart gefüllt werden, dass der Ausfall von Operationen, die am Ende des Tages stehen, einkalkuliert wird.

Den zweiten Punkt den Berentzen (2004) anspricht, sind die häufigen OP-Planumstellungen im Laufe eines Tages. In der Praxis wird von jeder operierenden Abteilung am Vortag ein OP-Plan für den Folgetag im Zentral-OP eingereicht. Anhand dieser Pläne erfolgt dann die Gesamtplanung. Leider sind diese Pläne laut den Befragten oft unvollständig, innerhalb der Abteilung noch nicht abgestimmt oder erscheinen zu spät. Die Betroffenen ärgern sich über die fehlende Strukturierung in den Ablaufplänen. Der Handlungsablauf der Pflegekräfte wird massiv durch ständige OP-Planumstellungen gestört. Dazu zählt vor allem das Verschieben von Patienten innerhalb der zugewiesenen Operationssäle, was durch kurzfristige Planänderungen bedingt ist. Die neue, kurzfristige Organisation löst bei Pflegekräften unnötige Mehrarbeit, Wartezeiten und Stress aus.

Berentzen betont, dass letztendlich das ganze Arbeitsklima unter diesem Planungschaos leidet. Als Folge sieht er Streitigkeiten mit eigenen Kollegen und Mitarbeitern anderer Berufsgruppen, auf die in Kapitel 3.3 eingegangen wird. Kapitel 3.2.2 behandelt jedoch zunächst die qualitative und quantitative Überforderung als weiteren organisatorischen Missstand.

3.2.2 Qualitative und Quantitative Überforderung

Qualitative Überforderung (psychischer Stressor) meint in diesem Kontext die zu kurzen Einsatzzeiten in den verschiedenen Fachabteilungen. In einem Zentral-OP gibt es verschiedene Fachabteilungen, die entweder täglich oder an bestimmten Tagen ihr OP-Programm durchführen. OP-Pflegekräfte werden in der Regel in allen Fachabteilungen eingesetzt. Laut den Probanden der Studie, wird innerhalb der OP-Abteilungen ein Rotationsverfahren praktiziert. Die Pflegekräfte wechseln also in gewissen Abständen die Fachabteilungen, deren Komplexität einzelne - gerade unerfahrene - Pflegekräfte überfordert. Bestimmte Zusammenhänge sind, durch fehlende Erfahrung oder mangelnde Informationsweitergabe, nicht bekannt und müssen erfragt werden. In solchen Situationen passieren schneller Fehler, die dann wiederum zu Konflikten mit den beteiligten Ärzten führen (Berentzen, 2004).

Quantitative Überforderung (psychischer Stressor) drückt sich, im Gegensatz zur qualitativen Überforderung, eher in der Arbeitsmenge aus. Vor allem die unrealistischen

OP-Pläne und der daraus resultierende enormen Zeitdruck, stellt einen Stressor für die Pflegekräfte in Operationsabteilungen dar. Sichtbar wird dieser Zeitdruck bei den Befragten unter anderem in dem Ärger über die fehlende Zeit für Mentorentätigkeiten, Fortbildungen (sozialer Stressor) oder unregelmäßige und kurze Pausenzeiten (psychischer Stressor). Bei diesem Punkt spielt der zunehmende Personalmangel im OP eine entscheidende Rolle. Freie Stellen werden, aus Kostengründen, entweder gar nicht oder durch eine hauseigene, meist frisch examinierte, Pflegekraft ersetzt. Das bedeutet wiederum Mehrarbeit für die erfahrenen Pflegekräfte, da die neue Pflegekraft mit dem Arbeitsumfeld noch nicht vertraut oder unzureichend darauf vorbereitet ist. Leider fehlt für eine angemessene Anlern-Phase oftmals schlicht und ergreifend die Zeit, obwohl dieser, von allen Beteiligten, große Bedeutung zugeschrieben wird. Permanente Überforderung und Frustration treten als Folgen auf (Berentzen, 2004).

Außerdem zieht die permanente Anpassung der OP-Planung noch weitere Konsequenzen nach sich. Die OP-Leitung muss eine neue Aufgabenverteilung durchführen. Diese sollte den Qualifikationen und Fähigkeiten der Pflegekräfte entsprechen - leider ist das kurzfristig nicht immer möglich. Dauernd muss neu organisiert und die Angestellten untereinander getauscht werden, um den Anforderungen gerecht zu werden. Falls dies nicht gelingt, fühlen sich die betroffenen Pflegekräfte qualitativ überfordert. Qualitative Überforderung ist ein wesentlicher Stressor im Arbeitsleben (Wenchel, 2001). Der Wechsel in andere Säle und Abteilungen stört den Arbeitsablauf und die Teamarbeit erheblich. Die Betroffenen reagieren mit Unsicherheit und Stress auf die sich ständig ändernden Arbeitsanforderungen. Fehler im Laufe der Tätigkeit, die von den Ärzten in unangemessener Weise angesprochen werden, führen wiederum zu Konflikten. Mangelhafte OP-Planung ist ein begünstigender Faktor für das Entstehen quantitativer Überforderung. Da durch Fehlplanung und Wartezeiten viel Zeit verloren geht, ist es in der Praxis nicht unüblich, dass leichtfertig verschenkte Zeit, durch erhöhtes Arbeitstempo wieder wett zu machen (Berentzen, 2004).

Ein weiteres Problem ist, dass Chefärzte in der Regel ihre Patienten unter Bereitstellung aller notwendigen Mitarbeiter und Sachmittel operieren möchten. Sie verflogen primär ihr eigenes Leistungsinteresse und stellen nicht die Gesamtabläufe innerhalb der OP-Abteilung in den Mittelpunkt ihres Interesses. Diese Aussage zeigt, dass das Organisationsinteresse eher auf Seiten der Pflegekräfte liegt. Das Vorhandensein dieser unterschiedlichen Bedürfnisse birgt hohes Konfliktpotenzial, das durch unkoordinierte Planung verstärkt wird (Grahmann & Gutwetter, 2002).

Nachdem Konfliktpotenziale aufgrund von Organisationsmängeln im Arbeitsumfeld der Pflegekräften beschrieben wurden, befasst sich das nächste Kapitel mit Ursachen für Konflikte innerhalb der eigenen und mit anderen Berufsgruppen.

3.3. Intra- und Inter-Gruppenkonflikte

Konflikte sind aus dem Arbeitsleben nicht wegzudenken und treten als Folge des menschlichen Miteinanders auf. Dass auch der Arbeitsplatz OP nicht frei von Konflikten ist, ist eine logische Konsequenz. Soziale Konflikte zwischen einzelnen Personen oder innerhalb einer Gruppe sind in OP-Abteilungen genauso anzutreffen wie unterschiedliche Gruppeninteressen und Standpunkte, die sich nicht vereinheitlichen lassen und so zu Inter-Gruppenkonflikten führen. Zunächst werden Ursachen für Konflikte in der eigenen Berufsgruppe, danach mit der OP-Leitung und Ärzten betrachtet. Zum Abschluss des Kapitels rücken medizinische Teams im OP und deren Eigenschaften in den Fokus.

3.3.1 Eigene Berufsgruppe

Mangelnde Zusammenarbeit (sozialer Stressor) ist ein Hauptpunkt und wird mit fehlender Teamarbeit synonym gesetzt. Diesbezüglich wird nicht nur die eigene Berufsgruppe betrachtet, sondern auch, in den nächsten Kapiteln, die Schnittstellen zu anderen Angestellten im Krankenhaus.

Über die Hälfte der Probanden gab Konflikte innerhalb der eigenen Berufsgruppe an. Allerdings sehen nicht alle diese Konflikte als problematisch an. Zehn von den 35 Befragten nehmen die Konflikte zwar wahr, interpretieren Streit oder Meinungsverschiedenheiten aber als normal. Konfliktpotenzial bietet jedoch vor allem die **nachlässige Arbeitsweise** einiger Kollegen. „Unangenehme" Aufgaben, wie Säle auffüllen und aufräumen oder anfallende Putzarbeiten bleiben häufig an den gleichen Personen hängen, die das als Ärgernis empfinden (Berentzen, 2004).

Ebenfalls ein Merkmal für gestörte Teamarbeit innerhalb der Berufsgruppe sind **fehlende und gestörte Kommunikation** (soziale Stressoren). Vor allem in der interpersonellen Kommunikation wird der Umgangston bemängelt. Das Streuen von Gerüchten, Unwahrheiten und das Verbreiten von schlechter Stimmung durch das Ausleben von

14

schlechter Laune wird hier als besonders problematisch und konfliktverursachend betrachtet (Berentzen, 2004).

Argyle und Henderson (1990) erklären, dass sich die Konflikte innerhalb der eigenen Berufsgruppe im Wesentlichen auf individuelle Modellvorstellungen oder Auffassungen von Ethik, Pflichtgefühl sowie Umgangsstil konzentrieren und sind somit mit dem Handeln von Anderen kaum in Einklang zu bringen. Diese Diskrepanzen sind häufig die Ursache für intra-Gruppenkonflikte.

Nach dem die eigene Berufsgruppe thematisiert wurde, widmet sich Kapitel 3.3.2 der OP-Leitung, als direkte Vorgesetzte der Pflegekräfte im Operationssaal.

3.3.2 OP-Leitung

Bezüglich der OP-Leitung birgt besonders inadäquates Führungsverhalten, fehlende Mitarbeit und mangelnde Informationsweitergabe Konfliktpotenzial.

Inadäquates Führungsverhalten (psychischer Stressor) bezieht sich auf die Ausübung der Leitungstätigkeiten der direkten Vorgesetzten. Darunter fallen hauptsächlich die OP-Leitung, aber auch deren Stellvertreter und die Pflegedienstleitung. Laut der Studie von Berentzen besteht das größte Konfliktpotenzial zwischen den Berufsgruppen Pflegekräfte und OP-Leitung. 25 von 35 Probanden bestätigten dies. Hierbei wird vor allem die Ausübung diverser Führungstätigkeiten als ungerecht angesehen. Konkret zeigt sich die Ungerechtigkeit bei der Gewährung freier Tage, der fehlerhaften Dienstplanung und ungerechtfertigter Kritik. Besonders problematisch ist, dass sich daraus auch ein Beziehungskonflikt zwischen benach- und bevorteiligten Angestellten entwickeln kann (Berentzen, 2004). Diese Ungerechtigkeit lässt sich bei den sozialen Stressoren einordnen.

Weiteres Konfliktpotenzial zeigt sich, indem die Probanden der OP-Leitung **fehlende Mitarbeit** vorwarfen. Die Pflegekräfte erwarten von ihrer jeweiligen Leitung, dass diese täglich in den Sälen präsent ist und aktiv als OP-Pflegekraft mitarbeitet. Die Abkapselung vom eigenen Team durch den Rückzug in Büroräume oder in Räumlichkeiten außerhalb der OP-Abteilung wird kritisiert, zumal wenn es keine Informationen zum Grund dieses Rückzuges gibt. Rund ein Viertel der Probanden hält die Mitarbeit der OP-Leitung für nötig und möglich, da sie die sonstigen Leitungsaufgaben für nicht so zeitintensiv ansehen. Neben der allgemeinen Kritik, der fehlenden Mitarbeit, stehen demnach die Folgen für die restlichen Pflegekräfte im Mittelpunkt. Die kurzfristigen Folgen stellen eine Mehrbelastung dar, da die OP-Leitung als Arbeitskraft und Ansprechpartner im Saal fehlt. Langfristig liegen die Folgen darin, dass die Leitung durch die selbst aufgebaute Distanz zum Team keinen Überblick mehr über den aktuellen Wissensstand und die Qualifikation ihrer Untergebenen haben. Daraus resultiert verfehlte Personalplanung (Kapitel 3.2), die, von rund einem Drittel der befragten Pflegekräfte bemängelt wird (Berentzen, 2004).

Weitere Konfliktpotenziale, die in Bezug auf die OP-Leitung genannt wurden, waren der **befehlsartige Umgangston** (sozialer Stressor), **unzureichende Informationsweitergabe** (psychischer Stressor), zum Beispiel über aktuelle Veränderungen in der Abteilung und das **schlechte Klima** (sozialer Stressor), das durch das ständige Suchen von Fehlern bei Mitarbeitern geprägt ist. Der Wunsch über hinreichende Informationen bezüglich Neuerungen und Veränderungen innerhalb der Abteilung, stellt ein grundlegendes egoistisches Bedürfnis von Menschen dar, die in einer Organisation tätig sind. Das Vorenthalten solcher Informationen empfinden die Betroffenen als Akt der Willkür (Weinert, 1998). Dieses Informationsdefizit scheint für OP-Abteilungen ein typisches Phänomen darzustellen.

Es wird deutlich, dass Führungskräfte innerhalb des Krankenhauses für Pflegekräfte eine wichtige Rolle einnehmen und durch mangelnde Führungsqualifikation ein erhebliches Konfliktpotenzial darstellen (Weinert, 1998). Gerade diese Konflikte stehen oft im Zusammenspiel mit Macht und Hierarchie, wie Allcorn bereits 1994 betont. Fehlende Stellenbeschreibungen oder fehlende Aufgabenprofile sind weitere systeminduzierte Konfliktquellen (Allcorn, 1994). Erwartungen an die Rolle der OP-Leitung durch den Rollenträger und den Arbeitgeber sind eventuell nicht deckungsgleich. Rollenkonflikte sind dadurch vorprogrammiert. Pflegekräfte in Leitungspositionen sind sich ihrer wichtigen Rolle oftmals gar nicht bewusst. Sie verhalten sich nicht als Vorgesetzte, sondern eher als Kollegen mit Leitungsaufgaben. Durch die zusätzlichen, von Seiten der Mitarbeiter und von Seiten der Mediziner, an die OP-Leitung gerichteten Erwartungen, entsteht letztendlich Rollenambiguität (Weinert, 1998).

Anschließend folgt die Betrachtung der Konfliktpotenziale zwischen den Berufsgruppen Pflegekraft und Arzt.

3.3.3 Berufsgruppe Ärzte

Bedingt durch das Tätigkeitsfeld Operationssaal, ist der Kontakt zwischen Pflegekräften und Ärzten, sehr eng. Die Pflegekräfte sind während der Operation den Ärzten weisungsgebunden. Diese Zusammenarbeit kann als Symbiose zwischen Arzt und Pflege-kraft beschrieben werden, in der die Pflegekraft weder Macht noch Weisungsbefugnis besitzt und somit dem Arzt klar untergeordnet ist. Genau dieses Verhältnis kann zur **fehlenden Akzeptanz** (sozialer Stressor) von Ärzten gegenüber den Pflegekräften füh-ren. Berentzen (2004) unterstreicht dieses Argument anhand seiner Erhebung. Hier hat-ten Probanden das Gefühl den ganzen Tag „austauschbare Hiwis" zu sein und anschlie-ßend ohne Anerkennung nach Hause zu gehen. Die befragten Pflegekräfte sahen darin großes Frust- und Konfliktpotenzial. Gerade Angestellte mit sehr langer Berufserfah-rung wünschen sich, dass ihr Fachwissen und ihre Leistungen von Ärzten mehr aner-kannt wird. Neben der fehlenden Akzeptanz stehen besonders verbale Angriffe in Form von Beleidigungen im Fokus. Sachliche Kritik wird von den Pflegekräften akzeptiert, wenn sie angemessen geäußert und nicht als ungerecht empfunden wird. Allerdings spiegelt die Realität ein anderes Bild wieder. Laut den befragten Pflegekräften erfolgt Kritik häufig unangemessen und wird von den Betroffenen als verletzend oder abwer-tend empfunden. Fehlende Akzeptanz und persönliche Beleidigungen durch die Ärzte behindern eine funktionierende Beziehungsgestaltung und wirken sich als Motivations-sperren aus (Berentzen, 2004). Grahmann und Gutwetter (2002) führen weitergehend aus, dass sich in der Pflege-Arzt-Beziehung häufig Konfliktsituationen finden, da diese Beziehung in vielen Fällen nicht durch Kooperation und geplanter Zusammenarbeit gekennzeichnet ist, sondern durch eine Anordnungsbeziehung, in der als Machtfaktor die fachliche Weisung der Ärzte vorgeschoben wird. Dies wiederum macht sich eben-falls in fehlender Akzeptanz und Anerkennung gegenüber den Pflegekräften bemerkbar.

Ein anderes Problem ist, dass Ärzte aus Sicht der Pflegekräfte unzureichend kommuni-zieren. Wenn wichtige Informationen nicht weitergegeben werden, bedeutet das für die Pflegekräfte unnötigen Aufwand. Bei diesen **fehlenden Informationen** (psychischer Stressor) handelt es sich um unvollständige Patientendaten und fehlenden Angaben über die durchzuführenden Operationen. Folgernd ist das Vorenthalten von arbeitsrelevanten Informationen der Zusammenarbeit zwischen den Berufsgruppen nicht dienlich, da es zu Ärger und Mehrarbeit auf Seiten der Pflegekräfte kommen kann (Grahmann & Gut-wetter, 2002).

Außerdem schildern Galinsky, Magee, Ena und Grünfeld (2005), dass Personen - wie Chefärzte - mit einem großen Machtgefühl, weniger gewillt sind, die Perspektive Ande-rer einzunehmen und erkennen daher oft nicht, dass dem Gegenüber Wissen für den

Umgang mit der speziellen Situation, in der er sich gerade vbefindet, fehlt. Dieser Perspektivenwechsel ist allerdings nötig und beeinflusst das eigene Verhalten im Umgang mit Team-Mitgliedern erheblich. Perspektivenwechsel meint, die Welt aus einem andern Blickwinkel zu betrachten. Ebenso können Menschen mit viel Macht die emotionalen Zustände der andern Team-Mitglieder weniger genau erfassen. Beides kann sich negativ auf die Funktionalität des Teams auswirken und sorgt für Konflikte.

Nachdem die Ursachen für potenzielle Konflikte zwischen OP-Pflegekräften und Ärzten abgehandelt wurden, befasst sich Kapitel 3.3.4 mit medizinischen Teams im Operationssaal. Hierbei werden auch Teams für nicht geplante Notfalloperationen berücksichtigt.

3.3.4 Medizinische Teams im Operationssaal

In diesem Kapitel werden sowohl kurzfristig zusammengesetzte Teams in Notfallsituationen (ad hoc Zusammensetzungen), als auch Teams, die einen geplanten Eingriffe durchführen, angesprochen. Der Unterschied besteht darin, dass es, im Gegensatz zu geplanten Eingriffen, bei Notoperationen kaum mentale und organisatorische Vorbereitungszeit für die Beteiligten gibt.

Medizinische Teams im OP sind multidisziplinär geprägt. Das bedeutet, dass die Mitglieder einen divergenten Wissensstand haben und unterschiedlich ausgebildet sind. Trotzdem müssen sie eng zusammenarbeiten. Sie besitzen eine gemeinsame Aufgabe und sind deshalb durch einen hohen Grad der Abhängigkeit gekennzeichnet. Durchgeführte Studien zeigen, dass diese Eigenschaften völlig unterschiedliche Auswirkungen haben können. Zum einen können sie durch den erhöhten Austausch von Informationen die Entscheidungsfindung erleichtern und somit die Leistung verbessern, zum anderen können sie auch die Wahrscheinlichkeit von destruktiven Konflikten durch „Schubladendenken" und persönlichen Vorurteilen innerhalb der Gruppe erhöhen (Jehn, Northcraft & Neale, 1999).

Des Weiteren bringt Interdisziplinarität komplexe hierarchische Strukturen mit sich. Mitglieder aus verschiedenen Disziplinen haben eine gemeinsame Verantwortung. Jedoch sind leistungsstarke Team-Mitglieder, formal gesehen, nicht immer diejenigen, die am meisten Macht besitzen. Beispielsweise, wenn eine erfahrene und routinierte Pflegekraft mit einem jungen, unerfahrenen Assistenzarzt während der Operation zusammenarbeitet. Daran kann man erkennen, dass die Verteilung von Macht in OP-Teams Anlass für Konflikte gibt (vgl. Kapitel 3.3.3) und ebenfalls beeinflusst wie effektiv diese gelöst werden (Bendersky & Hays, 2012).

Ein drittes Merkmal dieser Teams ist, dass sie ihre Aufgaben unter enorm hohem Zeitdruck erledigen müssen und daher kaum Vorbereitungszeit haben. Das heißt die Mitglieder müssen auch unter großem Druck gemeinsam Fragen zu Abläufen und Entscheidungsbefugnissen beantworten. Die daraus entstehenden prozeduralen Konflikte können unter anderen Umständen bei der Teambildung von Vorteil sein, da diese helfen die Rollen, Abläufe und Zuständigkeiten zu klären. Allerdings muss dieser angebliche Vorteil in medizinischen OP-Teams zum Teil in Frage gestellt werden, da z.b. in Notfallsituationen die Rollen und der Ablauf von Anfang an völlig klar sein müssen, damit nicht unnötig Zeit verloren geht. Der Verlust von Zeit wirkt sich in solchen Situationen immer negativ auf den Zustand des Patienten aus (Jehn & Mannix, 2001). Gerade bei Notfalloperationen werden die Teams, abhängig von der jeweiligen Situation, spontan zusammengesetzt und arbeiten nur über einen bestimmten Zeitraum zusammen. Diese ad hoc Zusammensetzung bildet eine weitere Dimension, die Teamprozesse, Konflikte und Machtunterschiede beeinflusst. Hierbei ist für die Funktionalität des Teams, das gemeinsame Verständnis für die Situation von großer Bedeutung, welches allerdings schon im Vorfeld geschult werden muss (Janss et al., 2012).

In medizinischen Teams im OP - gerade in Notfalloperationen - können Erwartungen bezüglich der Machtverteilung und Konfliktpotenziale auf bereits gemachten Erfahrungen der einzelnen Mitglieder beruhen (Janss et al., 2012). Von den Mitgliedern können sowohl positive als auch negative Erfahrungen innerhalb der OP-Teams gemacht werden. Diese Erfahrungen werden nicht vergessen, sondern beeinflussen nächste Aufgaben und das Sozialverhalten im Team. Sie stellen also die Grundlage für kooperatives Arbeiten dar oder sind der Ausgangspunkt für Konflikte. Zusammengefasst haben Mitglieder in ad hoc Teams bereits bestehende Erwartungen an Macht und Konfliktpotenziale, die abhängig von der jeweiligen Zusammensetzung des Teams sind. Diese basieren auf früheren Erfahrungen mit Teammitgliedern in verschiedenen Zusammensetzungen und Aufgabenzusammenhängen und beeinflussen das Verhalten. Menschen orientieren sich an Erfahrungen und Erwartungen. Diese wiederum beeinflussen ihr Verhalten sowohl positiv als auch negativ (Fishbein & Ajzen, 1975).

Wie bereits im letzten Abschnitt erwähnt, haben Mitglieder des OP-Teams bestehende Vorstellungen von Macht und Konflikten, die sich als Folge früherer Zusammensetzungen entwickelt haben. Das zeigt, dass bereits bestehende Erwartungen und Vorstellungen Konflikte in zukünftigen Szenarien auslösen und verstärken können (Janss et al., 2012). Diesbezüglich stellt Janss et al. (2012) klar, dass zwischen den Team-Mitglieder unterschiedliche Vorstellungen herrschen können, wer am meisten Macht besitzt und somit die formale Führung inne hat. Dies betrifft aber mehr die verschiedenen anwesenden Ärzte (Anästhesisten, Chirurgen, etc.) als das Pflegepersonal und wird deshalb in dieser Arbeit nicht weiter vertieft.

Nachdem sich Kapitel 3 den verschiedensten Ursachen für potenzielle Konflikte im Arbeitsumfeld von Pflegekräfte im OP gewidmet hat, wird in Kapitel 4 ein abschließendes Fazit gezogen, dass die bisherigen Erkenntnisse nochmals aufgreift und den Abschluss dieser Hausarbeit bildet.

4. Fazit

Konflikte sind aus dem Arbeitsleben nicht wegzudenken und treten als Folge des menschlichen Miteinanders auf. Dass auch der Arbeitsplatz OP nicht frei von Konflikten ist, ist eine logische Konsequenz. Diese Hausarbeit zeigt die unterschiedlichen Ursachen für potenzielle Konflikte im Tätigkeitsfeld von Pflegekräften auf. Diese liegen zum einen in den besonderen Machtverhältnissen, die im Krankenhaus vorherrschen und zum anderen sind sie entweder in der Zusammenarbeit mit Anderen oder durch organisatorische Mängel begründet. Die Grenze zwischen diesen Punkten ist fließend, da sie sich gegenseitig beeinflussen. Aus diesem Grund ist eine klare thematische Trennung im Laufe der Hausarbeit nicht immer möglich gewesen. Zum Beispiel wäre es nicht förderlich die Rolle von Macht und Hierarchie zu betrachten, ohne Bezug auf Kapitel 3.3.3 zu nehmen, in dem es um die Ursachen der potenziellen Konflikte zwischen Ärzten und Pflegepersonal geht. Denn gerade hier drücken sich die angesprochenen Machtunterschiede durch fehlende Akzeptanz und Anerkennung aus. Es zeigt sich außerdem, dass die Ursachen für potenzielle Konflikte nicht separat betrachtet werden dürfen, sondern zusammenhängend sind. Beispielsweise kann eine schlechte OP-Programmgestaltung und die damit verbundene quantitative Überforderung der Pflegekräfte Auswirkungen auf das gesamte Arbeitsklima haben. Anhand Oppolzers Tabelle kann man erkennen, dass hier ein psychischer Stressor der Grund für einen sozialen Stressor darstellt. Der Unterpunkt „Konflikte" wird von Oppolzer als sozialer Stressor eingeordnet. An diesem einfachen Beispiel zeigt sich, dass Konflikte durch psychische

Stressoren ausgelöst oder verstärkt werden können. Die Stressoren Tabelle hilft, Ursachen für potenzielle Konflikte, im Tätigkeitsfeld der Pflegekräfte, aus arbeitspsychologischer Sicht zu betrachten. Man sieht, dass es in anderen Organisationen ähnliche Stressoren gibt, diese aber vermutlich, abhängig vom jeweiligen Arbeitsplatz, unterschiedliche Ursachen haben. Ebenso wie Stressoren, lassen sich die in Kapitel 2.1 angesprochenen Konfliktarten bestimmten Ursachen zuteilen. Aufgabenbezogene Konflikte beziehen sich eher auf die Rahmenbedingungen, die in einem Krankenhaus herrschen. Prozedurale Konflikte beziehen sich unter anderem auf den Ablauf und die Zuständigkeiten in medizinischen Teams im Operationssaal. Beziehungskonflikte nehmen auf das hierarchische Gefälle zwischen Pflegekraft und Arzt Bezug. Ebenso wie bei den Ursachen potenzieller Konflikte wäre es vermessen, diese als strikt isoliert anzusehen. Wie in Kapitel 2.1 erwähnt, können sich die weniger schwerwiegenden aufgabenbezogenen Konflikte zu verfahrenen Beziehungskonflikten transformieren - und das ohne großes Zutun der Beteiligten.

Kritisch sollte Punkt 3.3.2 betrachtet werden, in dem die befragten Pflegekräfte der OP-Leitung fehlende Mitarbeit vorwarfen. Pflegekräfte sehen in diesem Fall nicht, dass die OP-Leitung organisatorische und verwaltungstechnische Aufgaben besitzt, die enorme Zeit in Anspruch nehmen. Die betroffen Pflegekräfte beachten diesen Aufwand nicht, sondern sehen lediglich die daraus resultierenden Nachteile, die sie selbst betreffen und ärgern sich deshalb. Hier wäre es angebracht, den Pflegekräften zu erklären, was die konkreten Aufgaben der OP-Leitung sind, um so Verständnis zu schaffen. Es muss klar gestellt werden, dass die Mitglieder der OP-Leitung andere Aufgabenschwerpunkte haben als „gewöhnliche" Pflegekräfte im OP. Deshalb ist der Vorwurf fehlender Mitarbeit mit Vorsicht zu betrachten.

Beinahe alle identifizierten Ursachen für potenzielle Konflikte lassen sich sinnig Oppolzer's Tabelle zuordnen. Es fällt auf, dass vor allem psychische und soziale Stressoren im Umfeld von Pflegekräften, Konfliktpotenziale beherbergen. Physische Stressoren tauchen in dieser Arbeit kaum auf - sind aber in der Wirklichkeit zweifelsohne vorhanden. Möglicherweise werden Faktoren wie Lärm und falsche Beleuchtung als zu allgemein oder nicht störend angesehen. Sie wurden in Berentzen's Studie von keinem Probanden genannt.

Abschließend bleibt zu sagen, dass die Identifikation von Ursachen potenzieller Konflikte dazu beiträgt, dass die Betroffenen sensibilisiert werden. Die Kenntnis darüber bildet weiterhin die Grundlage, um adäquate Präventions- und Interventionstaktiken zu entwickeln. Das Ziel jeder Organisation sollte es sein, **destruktive** Konflikte möglichst gering zu halten. Denn diese Konflikte wirken sich negativ auf die Arbeitsleistung aus und das sollte gerade im Operationssaal, in dem es teilweise um Leben und Tod geht, tunlichst vermieden werden. Es zeigt sich, dass Konfliktursachen nicht nur individuell und personenzentriert auftreten, sondern dass die Rahmenbedingungen der Organisation Krankenhaus ebenfalls Konfliktpotenzial bieten. Die strenge vertikale Hierarchiestruktur, Konkurrenz zwischen und innerhalb von Berufsgruppen, unkoordinierte Arbeitsabläufe und Probleme, die sich aus der Organisation und Leitung ergeben, lassen sich als Stressoren für Pflegekräfte in Operationsabteilungen benennen (Grahmann & Gutwetter, 2002).

Diese Arbeit erhebt keinen Anspruch auf Vollständigkeit. Aufgrund der vorgegebenen Rahmenbedingungen konnten weder Stressmodelle betrachtet werden, die den Zusammenhang zwischen Stress und Konflikten genau erklären, noch näher auf das Konstrukt Konflikte eingegangen werden. Die Auswirkungen von Konflikten und mögliche Lösungsansätze waren ebenfalls kein Teil dieser Arbeit und wurden daher lediglich knapp angerissen.

5. Literaturverzeichnis

Allcorn, S. (1994). *Anger in the workplace. Understanding the causes of Aggression and Violence.* London: Quarom Books.

Argyle, M. & Henderson, M. (1990). *Die Anatomie zwischenmenschlicher Beziehungen. Spielregeln des Zusammenlebens.* München: MGV.

Baker, D., Day, R. & Salas, E. (2006). Teamwork as an essential component of high-reliability organisations. *Health Services Research Journal, 41,* 1576–1598.

Bendersky, C. & Hays, N. (2012). Status conflict in groups. *Organization Science, 23,* 323-340.

Berentzen J. (2004). *Ärger im OP. Ursachen, Analyse, Intervention.* Berlin: VDM.

Büssing, A. & Glaser, J. (2003). *Dienstleistungsqualität und Qualität des Arbeitslebens im Krankenhaus.* Göttingen: Hogrefe.

Busse. R. (2015). *Konfliktherd Krankenhaus: Ursachen und Lösungen.* Verfügbar unter: http://www.management-krankenhaus.de/topstories/gesundheitsoekonomie/konfliktherd-krankenhaus-ursachen-und-loesungen [10.09.15]

Dreißig, V. (2005). *Interkulturelle Kommunikation im Krankenhaus. Eine Studie zur Interaktion zwischen Klinikpersonal und Patienten mit Migrationshintergrund.* Bielefeld: transcript.

Fischer, L. & Wiswede, G. (2002). *Grundlagen der Sozialpsychologie* (2. Auflage). München: Oldenbourg.

Fishbein, M. & Ajzen, I. (1975). *Beliefs, Attitudes, Intentions and Behaviour: An Introduction to Theory and Research.* Reading: Addison-Wesley.

Galinsky, A., Magee, J., Ena Inesi, M. & Grünfeld, D. (2006). Power and perspectives not taken. *Psychological Science, 17,* 1068–1074.

Glaser, J., Höge, T. & Weigl, M. (2005). Psychische Belastungen bei Pflegekräften und Ärzten im Krankenhaus. *Zeitschrift für Arbeitswissenschaften, 59,* 143-151.

Grahmann, R. & Gutwetter, A. (2002). *Konflikte im Krankenhaus.* Bern: Huber.

Gukenbiehl, H. (2001). *Einführung in soziologisches Denken* (4. Auflage). Landau: VEP.

Hibbeler, B. (2011). Ärzte und Pflegekräfte. Ein chronischer Konflikt. Deutsches Ärzteblatt, 41, 38-45.

Höfer, A. (1996). *Operationstechnische Assistenten eine Alternative Ausbildungsform?.* Bremen: Altera.

Holz, M., Zapf, D.& Dormann, C. (2004). Soziale Stressoren in der Arbeitswelt: Kollegen, Vorgesetzte und Kunden. *Arbeit: Zeitschrift für Arbeitsforschung, Arbeitsgestaltung und Arbeitspolitik, 13,* 278-291.

Janss, R., Rispens, S., Segers, M. & Jehn, K. (2012). What is happening under the surface? Power, conflict and the performance of medical teams. *Medical Education, 46,* 838-849.

Jehn, K., Northcraft, G. & Neale, M. (1999). Why differences make a difference: a field study of diversity, conflict and performance in workgroups. *Administrative Science Quaterly, 44,* 741–746.

Jehn, K. & Mannix, E. (2001). The dynamic nature of conflict: a longitudinal study of intragroup conflict and group performance. *Academy of Management Journal, 44,* 238–251.

Lameyer, A. (2000). Machtverhältnisse im Krankenhaus. *Pflege, 4,* 227- 233.

Oppolzer, A. (2009). *Psychische Belastung in der Arbeitswelt.* Verfügbar unter: http://www.infoline-gesundheitsfoerderung.de/global/show_document.asp?id=aaaaaaaaaaahwyn [20.09.15]

Pornschlegel, H. (1982). Arbeitswissenschaft - Arbeitsgestaltung - Arbeitnehmerinteressen. In L. Zimmermann (Hrsg.), *Humane Arbeit - Leitfaden für Arbeitnehmer* (15-44). Reinbek: Rowohlt.

Rogers, D., Lingard, L., Boehler, M., Espin, S., Klingensmith, M., Mellinger, J. & Schindler, N. (2011). Teaching operating room conflict management to surgeons: clarifying the optimal approach. *Medical Education, 45,* 939–945.

Schumacher, C. (2012). Konfliktmanagement in Klinik und Praxis. *Der Augenspiegel, 12,* 18-20.

Weinert, A. (1998). *Organisationspsychologie: ein Lehrbuch* (4. Aufl.). Weinheim: Beltz.

Wenchel, K. (2001). *Psychische Belastungen am Arbeitsplatz. Ursachen-Auswirkungen-Handlungsmöglichkeiten.* Berlin: Erich Schmidt.

Zietzschmann, H. (2000). *Konflikte am Arbeitsplatz Pflege. Leitfaden aus der Praxis für die Praxis.* Stuttgart: Schattauer.